VOYAGE

aux

EAUX-BONNES.

NOUVELLE ÉDITION

REVUE, CORRIGÉE, AUGMENTÉ.

Voyez, Messieurs, prenez, pour 50 centimes,
Vous aurez sous vos yeux 600 et quelques rimes.

1858.

DÉDIÉ A MADAME POMMÉ,

AU PROFIT DE LA NOUVELLE ÉGLISE

du plateau l'Espérance.

VOYAGE

AUX

EAUX-BONNES.

NOUVELLE ÉDITION

revue, corrigée, augmentée.

BORDEAUX

TYP. DE J. DUPUY ET COMP., RUE GOUVION, 20.

1858.

VOYAGE

AUX EAUX-BONNES.

Progrès rapides de son agrandissement. — Bons effets de l'eau. — Séjour du mois d'août. — Les plaisirs qu'on s'y donne. — Observations, conseils ou avis divers.

Malade du larynx, un vieux catharre en croupe,
Des voyageurs souffrants je m'unis à la troupe.
J'entre dans un wagon qu'on dit voler vers Pau :
J'arrive, en peu de temps, auprès du vieux château.
Je ne puis le passer sans faire une visite ;
Je la fais en courant, et même un peu trop vite :
A peine ai-je le temps de paraître au balcon,
De voir, dans un clin-d'œil, cent monts et Jurançon,
Du vieux manoir d'Henry, les beautés, les reliques,
Un berceau, des fauteuils et des meubles antiques,

Qu'il faut à ces objets m'arracher sans retard :
Le fouet du postillon annonce le départ.
J'entre dans la vallée, où la riche nature
Etale, devant vous, ses tapis de verdure,
Qui, penchés en tous sens, au sud, à l'est, au nord,
Charment le voyageur qui passe sur ce bord ;
Le murmure des eaux, la fraîcheur des ombrages,
Sous mille aspects divers embellissent ces plages ;
Et foulant à nos pieds collines et vallons,
Grand train nous approchons du terme où nous allons.
Jouissant un instant des divers paysages,
Que forment sous les yeux les hameaux, les villages,
Très-souvent au galop et rarement au pas,
Sans trop voir ce qu'on voit, ou ce qu'on ne voit pas,
Nous sommes à Louvi ; descendons de voiture,
Le poisson sautillant a subi sa friture,
Les poulets sont rôtis, les biftecks succulents ;
Vite allons déjeûner, ne soyons pas trop lents ;
Payons vite l'hôtesse et donnons les étrennes ;
Le cocher sur son siége a déjà pris les rênes,
Les coursiers attelés à ce dernier relais,
Frappent déjà du pied, vont partir sans délais :
Vite, vite en voiture et prenons tous nos places,
On nous lance au galop vers le séjour des glaces.

Le grand bourg de Laruns, son torrent, Larrieusés,
Le gave de Gabas sont déjà traversés.
Laissons un peu souffler, puis attaquons la côte.
Nous trouvons au sommet un commis de notre hôte,
Venu pour nous offrir, avec empressement,
Ou service obligeant, ou table ou logement.
Au haut du petit bourg s'élève un petit temple,
Votre œil, en arrivant, l'aperçoit, le contemple ;
La foule, à tout instant, visite ce saint lieu,
Où réside toujours et sa mère et son Dieu.
Vous êtes arrivés au terme du voyage :
Déjà vous avez vu la ville ou le village.
Je me trompe aujourd'hui, c'était deux ans plus tôt,
Qu'on l'avait déjà vue en allant même au trot.
Mais l'ardeur de bâtir, en moins de cinq automnes,
Aura déjà doublé la ville des Eaux-Bonnes.
De superbes hôtels s'élèvent, chaque jour,
Pour loger les amis, embellir leur séjour ;
Sur la route d'Aas, cachant les précipices,
Brillent de beaux hôtels et diverses bâtisses
Qui vous offrent autant de divers logements,
Avec ce qui convient à vos délassements.
Auprès de Valentin coulent deux autres sources,
Que l'on veut exploiter, pour doubler les ressources ;

Plusieurs autres hôtels ailleurs disséminés,
Sont, avec élégance, à peu près terminés.
Après tant de travaux, et sans qu'on le leur dise,
Le plateau l'Espérance aura sa belle église ;
Ce temple plus central, assez vaste et plus sain,
De tous leurs divers plans ornera le dessin.
Cette maison de Dieu, pour eux demandant grâce,
Pourra leur mériter de contempler sa face ;
Recevez cent pour un, leur dira le grand roi,
Entrez dans mon palais et règnez avec moi !
Vous donc qui ramassez avec sollicitude,
Qui conservez peut-être avec inquiétude,
Goutez ce vrai moyen de conserver vos fonds,
Sans crainte des voleurs, sans titres, sans coupons.
Pour élever ce temple en orner la coupole,
Chacun doit apporter son or ou son obole ;
Mais s'il est des Crésus n'ayant que des neveux, [veux,
Qu'ils leur donnent leurs biens, leurs trésors, je le
Mais qu'ils prennent leur part au-delà de la tombe,
En offrant au Seigneur une riche hécatombe,
Ainsi s'élèvera, pleine de majesté,
Cette porte du ciel, ouverte à la cité.
L'ardeur des séraphins, et les concerts des anges,
Porteront jusqu'à Dieu nos vœux et nos louanges.

Toutefois, voyageurs, n'oubliez pas la bourse,
Avant de repartir, il faut payer la source.
Et soit dit en passant , la Bute du Trésor *
Encaisse dans ses flancs votre argent et votre or.
Pour vous donner un gîte aussi que de dépenses !
Il faut couvrir les frais, et puis les récompenses ;
Ici, tout comme ailleurs , Plutus y voit plus clair,
Il prend , il donne , il prend, dévalise en plein air ;
Il dépouille le pauvre , il en couvre le riche
Il fait un demi tour, en disant : je m'en fiche.
Que voulez-vous, Messieurs, l'argent doit circuler,
Et pour nous soulager on ne peut reculer.

Tachez de bien choisir, parmi tous ces bons hôtes,
Qui vous traitera mieux , sans trop râcler vos côtes.
Soulagez votre cœur, déposez tout fardeau ,
Bientôt vous sentirez les bons effets de l'eau,
Si de remords cuisants votre âme est bourrelée ,
Votre santé languit, n'est pas renouvelée.
N'en déplaise à l'impie , et physique et moral ,
S'ils ne sont bien d'accord , se font toujours grand mal.
Pour soulager son corps , faut-il guérir son âme ?
Je réponds à l'instant : Oui, Monsieur ; oui, Madame.

* Nom du monticule d'où coule la source.

Ici sont des docteurs du corps et de l'esprit :
Employez l'un et l'autre ainsi qu'il est écrit.
Voyez, le front serein, sortir de la chapelle,
Ces dames et ces preux, et ce peuple fidèle ;
Ils ont déjà pris part au céleste festin
Que donne, chaque jour, le Maître du destin.

Quittant les saints autels, allez à la buvette
Vider tel ou tel verre, un peu de la burette. *
Après la prise d'eau, que ce soit verre ou quart,
Si le temps le permet, promenez quelque part.
La Bute du Trésor un matin peut suffire ;
Son pavillon chinois vous attend, vous désire.
Montez-y lentement. Arrivé sous son toit,
Contemplez, un instant, tout ce que votre œil voit :
Regardez à vos pieds l'ardoise étincelante,
Qui couvre les hôtels longeant la rue en pente ;
En face, et par côté, vous voyez promener.
Bientôt de votre hôtel la cloche va sonner.
Le déjeuner est prêt, commencez à descendre :
Une table commune a-t-elle soin d'attendre ?
Les gourmets ont bientôt donné leur grand coup d'œil ;
Et puis, tel ou tel plat pourrait vous *faire deuil.*

* Sirop de gomme que chaque buveur tient dans une petite bouteille.

Ces mots sont-ils français? demande le critique ;
Laissez son examen, allez au pique-nique ;
Parmi les plus polis se mêlent les gourmets,
Qui pourraient les premiers se servir les fins mets,
Et laisser, quelquefois, à l'estomac avide
Une omelette froide, un fruit vert, un plat vide.
Je le sais, le traiteur vous donne un supplément
Pour calmer ou tromper votre faim du moment,
Mais il est à la fois utile et convenable,
Au moment indiqué, de se trouvêr à table.
  L'estomac demi plein, j'entends le violon ;
Il est déjà présent aux portes du salon .
L'archet en mouvement cherche les sons, les rimes;
Le plat va circuler, apprêtez vos centimes.
La collecte finie, ainsi que le repas,
On se lève, on se coiffe, on marche à petits pas.
Chacun prend son essor. Des dames ambulantes
Circulent en tous sens ; des personnes souffrantes
S'en vont dans un salon attendre le docteur ;
Ceux-là vont lire, écrire, attendre le facteur ;
Chacun, en attendant, raconte son histoire,
Qu'il fut apprendre à Rome, au temple de mémoire.
Paul s'amuse aux échecs, Théophile au billard,
Gustave à d'autres jeux d'adresse ou de hasard.

Arrive le moment de boire l'eau gommée :
On part, on va revoir la source renommée ;
La buvette s'encombre, et chacun, à son tour,
Vide son verre prêt, et fait un demi-tour.
On sort, on va s'asseoir à l'ombre d'un vieux hêtre ;
On contemple à l'écart une scène champêtre,
On marche en digérant le dernier verre bu.
Voilà ce que j'ai fait, voilà ce que j'ai vu.
Deux buveurs, sur trois cents, avalent cinq, six tasses ;
Mais il faut un permis pour marcher sur leurs traces.
Voilà la cinquième heure, il faut aller dîner ;
Chacun, vers son hôtel commence à cheminer.
Il est bientôt assis auprès de son potage :
Chacun goûte le sien, le reste se partage ;
Le tout est bien servi, le tout bien préparé.
Tel plat que l'on convoite est souvent égaré.
Il conviendrait pourtant d'être galant et sage,
De ne prendre pas trop de ce qui se partage.
   Bavard, dit un gourmet, me faut-il un compas
Pour voir ce qu'il faut prendre ou ce qu'il ne faut pas ?
Le compas est dans l'œil de l'âme bien polie ;
Argumenter plus loin serait une folie.
   Le concert entendu, le repas terminé,
Chacun, comme il le peut, digère son dîné ;

Et c'est presque toujours sur notre horizontale,
Où sur la fin du jour la toilette s'étale.

Mais on y voit aussi de pauvres malheureux,
Vieillards, estropiés, aveugles, scrofuleux,
Exposant leur état, demandant une aumône,
Que chacun, en passant, ou refuse, ou leur donne.
Enfin vient le moment d'entrer dans son manoir;
On court à la chapelle et l'on se dit bonsoir.
L'examen terminé, la supplique finie,
On confie au coussin sa tête et son génie,
Des amateurs pourtant s'en vont dans un salon
Assembler les carreaux, les piques du boston,
Prolonger les plaisirs d'une belle journée
Bien avant dans la nuit, jusqu'à la matinée,
Et s'endormir enfin, en quittant le salon,
Sur un bon lit de crin, de plume ou d'édredon.
Après avoir payé leur tribut à Morphée,
Dans un rêve entendu la musique d'Orphée,
Le murmure des eaux du fleuve de l'oubli,
De leurs sombres rideaux ils entr'ouvrent un pli;
Eblouis aussitôt d'une vive lumière,
Leurs yeux à peine ouverts referment leur paupière;
Ils ne sortent enfin du temple du sommeil
Que pour nouveaux plaisirs, sous un nouveau soleil.

Ceux-là, comme on le voit, n'invitent guère aux larmes.

Mais combien autour d'eux de secrètes alarmes !

Combien d'êtres souffrants ! que de pauvres poumons

Demandent du secours aux sources de ces monts ! ! !

N'étalons pas ici les misères humaines :

Pourquoi glacer le sang dans de si faibles veines ?

Dès la pointe du jour, trois autels au saint lieu,

Inondés à la fois du sang de l'Homme-Dieu,

Sollicitent pour nous l'assistance divine.

Déjà, vers ces autels, la foule s'achemine,

Et jusqu'au déjeuner le temple est fréquenté.

Autre fait consolant veut être raconté :

Quatre fois, en neuf ans, tu me rendis la vie,

Fontaine du Trésor, source digne d'envie !

Eaux-Bonnes, lieux charmants et naissante cité,

Où fleurit l'espérance, où l'on boit la santé,

Dans tes brillants hôtels, des quatre coins du monde,

Dans la belle saison la foule surabonde ;

Des monts, de toutes parts, sombres ou gracieux,

Un seul point excepté, t'encadrent jusqu'aux cieux.

Tes sites enchanteurs, tes variantes scènes,

Abrègent les moments, font oublier les peines.

Contents comme des rois, des guides, des enfants,

Font claquer à l'envi leurs fouets petits-ou grands.

Ce signal entendu , chacun saute et s’empresse
D’enjamber le cheval , ou bien la pauvre ânesse,
Et les voilà partis pour Disco , pour ailleurs ,
Laissant loin , derrière eux , les ennuis et les pleurs ;
Tandis que l’animal , d’une voix fort sonore ,
Se plaint des coups reçus , ou qu’il attend encore.
Sur trois planches guindé s’escrime un baladin ;
Des cavaliers au pas vont s’élancer soudain ;
Et d’autres jeunes gens , à côté d’autres belles ,
Sur leurs chevaux montés , caracolent près d’elles ;
Ils attendent joyeux le signal du départ ,
En laissant achever la toilette en retard.
Le moment arrivé d’aller au col de Torte ,
Chacun serre la rêne , et le coursier l’emporte.
 Mis en culotte brune et la veste en sautoir,
D’aimables montagnards viennent se faire voir ;
Leurs vieux ménétriers , aussi fiers que des pages,
A peine ont fait sonner leurs instruments sauvages ,
Qu’aussitôt vous voyez tous ces prestes humains ,
Dispos et bien portants , laissant pendre leurs mains ,
D’un air grave et modeste , et le cœur plein de joie ,
Se ranger en carré pour danser sur la voie.
Proprement costumés en habitants d’Osseau ,
Ils viennent amuser gens d’esprit et badeau ;

Et pour y réussir, leurs mollets, leur chaussure,
Sont mis en mouvement, étalent leur parure.
Légers comme une plume et prompts comme l'éclair,
Ils battent la mesure et sont toujours en l'air.
Mille objets tous charmants, chefs-d'œuvre de la Suisse,
Sur la route étalés, demandent qu'on choisisse ;
Et l'on voit réuni, dans un tout petit bourg,
Ce qu'on cherche à Paris, à Londres, à Fribourg.

Sur sa monture assise, une belle amazone,
De son air grâcieux vous charme et vous étonne ;
Elle s'en va gravir mille rochers glissants,
Suspendus sur les bords de cent gouffres béants.
Braver tous ces dangers! c'est un peu téméraire!
Mais que ne fait-on pas pour tâcher de vous plaire!
Que Dieu veille sur elle, et que l'ange gardien
Lui serve constamment de guide et de soutien !

Des dames, arrivant d'une course lointaine,
Galopent en montant, comme on fait dans la plaine ;
Leurs coursiers haletants font un dernier effort
Pour arriver plus vite et rentrer dans leur port.

Voyez ces claque-oreille, une robe traînante,
Egayer tous les cœurs par leur humeur bruyante,
Tandis que devant vous, pliant sous le fardeau,
Passe, tendant la main, la fille du hameau ;

Son pénible labeur atteste sa misère ;
Soyez compatissant, exaucez sa prière,
C'est un moyen de plus que Dieu vient vous fournir
Pour calmer vos douleurs, ou bien pour les guérir.

    Voyez cet autre enfant, avec fraise et fromage,
De ces produits des monts venant vous faire hommage ;
Un chasseur arrivant chargé de gibier fin,
Courir à votre hôtel, ajouter au festin
Que doit vous préparer une main fort habile
A mêler, avec art, l'agréable à l'utile ;
D'autres s'en vont courir les périls, les hasards,
A la suite des loups, des ours et des izards,
Pour revenir souvent, sans faire une victime,
Parmi les habitants de quelque affreux abîme ;
Quelquefois, néanmoins, haletants, harassés,
Ils portent avec eux ceux qu'ils ont terrassés.
Arrivés sur la place, ils étalent leur proie :
Le public les regarde et prend part à leur joie.

    Mille autres petits jeux, pour bannir notre ennui,
A chaque instant du jour se prêtent leur appui :
Tantôt un carrousel, un concert, une danse...
Mais il faut se borner, passons-les sous silence.
Sans quitter le balcon vous voyez tout cela.
Si vous êtes trop faible il faut vous borner là ;

Lire certains journaux, recevoir les visites.

Mais qui désire voir de beaux et nouveaux sites,
Du beau jardin anglais doit franchir le gazon,
Interroger des yeux un plus large horizon ;
Ne craignez plus ces eaux fangeuses et putrides,
Passant dans certains lieux, y devenant fétides ;
Les artistes du jour, du génie et des mains,
Effacent en travaux les travaux des Romains ;
Ils reculent les monts, ils recouvrent les ondes,
Tracent un beau chemin sur des ruisseaux immondes ;
C'est ainsi qu'avec art la Sourde * a disparu,
Et que, plein de surprise un peuple est accouru
Voir le nouveau chemin, promener sur la voûte,
Qui fait de ce torrent une superbe route,
Où viennent s'établir baladins et marchands,
Pour parer, amuser les petits et les grands ;
Prendre café, liqueur et même le potage,

* Petit ruisseau descendant du pic de Gers, rocailleux, sale
et souvent infect, longeant toute la partie ouest des Eaux-
Bonnes et son jardin anglais ; il fallait traverser ce ruisseau
pour aller à la promenade horizontale. Il a été recouvert
d'une maçonnerie en pierre, ou marbre brut dans toute sa
longueur d'environ 500 mètres, transformé en une belle route, et par ce moyen on a assaini, embelli et agrandi l'empla-
cement des lieux, où l'on a bâti et on bâtit encore de très-
beaux hôtels.

Jouer, rire, fumer et tout sans tripotage,

Un hêtre colossal, par ses nombreux rameaux,

Des ardeurs du soleil, préserve les cerveaux.

Admirez, en passant la table Dorothée *

Qui, comme vous voyez, est toujours bien traitée.

Parmi les mille objets, étalés sous vos yeux,

Qui sont, pour la plupart, fort beaux et curieux,

Lorgnez déjà d'un œil, ou l'objet ou la pièce,

Qu'attendent au retour, ce neveu, cette nièce;

Vous ne pouvez songer à vous en revenir,

Sans prendre, de ces monts, un petit souvenir.

Marchez d'un pas rêveur; la route nivelée,

En aspects variés ne peut être égalée.

Quand l'air est calme et doux, on peut, le long du jour,

Sans danger ni fatigue en suivre le contour.

Entouré de causeurs, sachez souvent vous taire;

Ménagez le larynx. Et parfois, solitaire,

On avance, on s'arrête, on pense, on réfléchit;

Et couvert d'un manteau, lorsque le vent fraîchit,

On contemple, au penchant de ces montagnes vertes,

D'un immense fardeau mille têtes couvertes,

* Mlle Dorothée, renommée par ses bons bouillons, café, etc., a fait dresser, en plein air, une table immense, presque toujours occupée par de nombreux convives, qui ont les coudées franches pour fumer, boire, etc.

Emportant au logis les présents de Cérès,
Marchant dans des sentiers et se serrant de près.
Embrassez d'un regard ces champs et ces prairies
Fermés de toutes parts avec leurs écuries ;
Voyez ces bras nerveux, tous armés d'une faux,
Raser l'herbe et le blé, pour les mettre en faisceaux
Ou bien, cette Baucis descendant la montagne,
La quenouille à côté pour unique compagne,
Filer en se rendant à l'enclos paternel,
Passé de père en fils, rendu presque éternel.
    Regardez à vos pieds rouler cette voiture,
Ce fringant cavalier sur sa noble monture.
Sans voir le Valentin, vous l'entendez mugir ;
Demain, sur des rochers vous le verrez bondir,
Dans des gouffres profonds précipiter ses ondes,
Qui blanchissent d'écume et roulent furibondes.
Sa plus belle cascade, au bruit assourdissant,
Dite de Valentin, on l'admire en passant.
La cascade du pont, *et celle du Grand hêtre,*
Ont aussi leur beauté, nous pourrons les connaître.
Sur un plan incliné d'environ quatre-vingts,
Au milieu des rochers placés par les ravins,
Sortant, on ne voit d'où, des gerbes transparentes,
S'élançant à la fois sur trente mille pentes,

Se brisant constamment contre un nouveau rocher,

Présentent un tableau qu'on ne peut ébaucher.

On croirait voir courir les nymphes ou naïades,

Roulant des flots de lait, faisant mille gambades,

Précipitant leurs bonds depuis trois cent un an,

Pour rentrer chez leur mère au sein de l'océan. *

Demain nous pourrons voir ces enfants de Nérée,

Nous avons, devant nous, assez pour la soirée.

La plaine de Laruns, couverte de froment,

Attire mon regard, le captive un moment.

J'y vois une eau limpide où frétille la truite ;

Ce soir, à mon hôtel, je la trouverai frite.

A mi-côte, et plus loin, sur un riant côteau,

Aux rayons du matin brille un riche hameau.

Avant de terminer la promenade en plaine,

Suspendez votre marche, et reprenez haleine.

Un pavillon charmant vient s'offrir à propos,

Et pour vous soulager vous invite au repos.

Acceptez une place au siège circulaire ;

Vous aurez, devant vous, de quoi bien vous distraire.

* Pour voir ce beau coup-d'œil, il faut monter au-dessus du plateau l'Espérance, et descendre quelques pas dans le petit sentier qui aboutit au nouveau pont en pierre. On voit cette suite de petites cascades à quelques cent pas au-dessus du pont.

Distraire ! qu'ai-je dit ! En voyant ce tableau,
Le peintre est en suspens et quitte son pinceau :
Qui pourrait esquisser tout ce qui se présente,
Ces vallons, ces hameaux, sur ces terrains en pente,
Ces nuages naissants à vos yeux étonnés,
Quelquefois disparus aussitôt qu'ils sont nés,
D'autrefois grossissant de minute en seconde,
Vous cachant la nature ou la montrant féconde ;
De ces monts orgueilleux les sommets dentelés,
Ces restes de glaciers à vos yeux étalés,
Ces chênes, ces tilleuls, ces hêtres si robustes,
Venus sur des rochers à côté des arbustes,
Ces plantes, ces lichens, ces bois ou ces sapins
En touffe ou dispersés sur ces sommets lointains ?...
En extase, interdit, j'adore le grand Maître :
Ces chefs-d'œuvre géants me le font reconnaître.
Comment oser tenter de les dépeindre aux yeux
De celui qui jamais n'a pu voir ces beaux lieux ?
Hâtez-vous, venez voir, amants de la nature ;
Elle vient défier le peintre et sa peinture ;
D'un seul coup de pinceau naissent de toutes parts
Des beautés, des horreurs, des prodiges épars.
Voulez-vous du pays savoir tous les costumes,
Les étendards du culte, usages et coutumes ?

Descendez au canton pour Notre-Dame d'août :
Vous y verrez prier, danser, un peu de tout.
Une personne arrive et paraît un peu lasse.
Allons, cher compagnon, offrons-lui notre place ;
Poursuivons notre route, explorons le chemin ;
Voyons ce qu'a fait l'art pour franchir ce ravin,
Etablir devant nous une route commode,
Où promènent souvent les fichus à la mode ?
L'élite des humains fréquente ces beaux lieux ;
Sans être courtisans, montrons-nous dignes d'eux.
Mais que vois-je passer? des jupons crinolines
Etalant les ampleurs des riches percalines.
Il me faut élargir ma porte, mon fauteuil,
Où leur faire, à regret, un très-mauvais accueil.
Ce costume apparaît ridicule, incommode,
N'importe, c'est le goût, c'est le ton, c'est la mode.
Singer tantôt le paon, la tortue ou dindon,
C'est la mode aujourd'hui, c'est aujourd'hui le ton ! *

* On voit trois principales espèces de crinolines : la crinoline *paon*, la crinoline *dindon*, et la crinoline *tortue*.

Dans la crinoline *paon* la jupe va toujours s'élargissant depuis sa naissance au milieu de l'échine jusqu'à l'extrémité
inférieure.

Dans la crinoline *dindon* la jupe s'élargit presque tout à
coup, en partant du même point à peu près, grossit un peu

C'est le goût de puiser parmi les immondices,

De quoi plaire au public et faire ses délices, *

D'user sa belle robe à frotter les pavés ;

Ces goûts, disons-le haut, me semblent dépravés.

Pourquoi ces vains efforts de refaire sa taille ?

Y peut-on ajouter la grosseur d'une paille ?

Si Dieu, pour nous punir, oubliant sa pitié,

Du pauvre genre humain refesait la moitié,

Donnant à celle-ci des tailles superfines,

Des dos à volonté, des tournures mesquines ;

A cette autre un peu plus de je ne sais trop quoi,

(Vous l'entendez, Seigneur, elle parle avant moi) ;

Bientôt on maudirait la mode et son modèle.

Telle que Dieu vous fait, vous êtes toujours belle.

vers le milieu, et se termine en se rétrécissant de quelques centimètres.

La crinoline *tortue* ressemble beaucoup à cette dernière, et le costume complet laisse à peine sortir une petite tête au-dessus des épaules.

Enfin, la crinoline poussée à sa plus grande extension, prend le nom de crinoline *canapé* ou crinoline *pécore.*

* On a vu traîner des crinolines sur un sol ou pavé humide et boueux pendant de longues promenades. Jugez dans quel état elles rentraient. Aussi les blanchisseuses ne pouvaient plus suffire.

Est-ce bien s'embellir et mieux plaire d'abord,
De traîner une robe, en salir le rebord?
Serrez bien vos corsets, et gonflez plus vos jupes:
Plus vous ferez effort, et plus vous serez dupes;
J'entendis les soupirs, d'un soi-disant galant :
Délivrez-moi Seigneur d'un ballon ambulant;
Le feu qui le dirige, abrité sous son ombre,
Peut faire, à chaque instant, des victimes sans nombre.

Où veut-on en venir avec cet appareil?
A paraître tout autre et tromper son pareil.
Ces réservoirs de vent présagent la tempête,
Et ne feront jamais de paisible conquête.
Qu'enferme-t-on souvent dans l'immense contour?
Deux échasses au centre, un grand vide à l'entour.

Au temple, comme ailleurs, ce costume embarrasse,
De quatre, un seul jupon vient occuper la place;
Et quand le temple saint est déjà trop petit,
Le fidèle s'en va. Devinez ce qu'il dit :
Tandis qu'un tel jupon se croit bien et s'admire
On proclame, à tout coin, une belle en délire;
On se dit assez haut, en lui tournant le dos :
Que c'est laid ! — C'est laid ! laid ! redisent les échos.

La bonté dans le cœur, la charité dans l'âme,
Et vous serez toujours bien belle et bonne dame.

Sans ses proportions, un corps est odieux ;
On le plaint, on l'abhorre, on détourne les yeux.

Quand la reine des fleurs est trop épanouie,
Sa première beauté s'échappe évanouie.

Faut-il donc aujourd'hui, pour orner nos salons,
Descendre, par degrés, vos côtes aux talons ?
Obliger vos époux, aux jambes délicates,
A vous laisser le bras pour suivre à quatre pattes *
Les forcer chaque fois à fouler vos ressorts,
Pour vous mettre en voiture avec de grands efforts ?
Passons mille travers dont ce costume abonde,
Qui sont, depuis longtemps, connus de tout le monde.

Et si quelque beau jour, un fluide, en passant,
Attiré par le fer le rend incandescent,
Vous serez à l'instant victime de la flamme ;
Vous joncherez le sol et grillée et sans âme. **

* On a vu dans la rue et entendu des Messieurs dire à leurs Dames : « Ma foi, tu me fais mal aux jambes avec tes crinolines ; je ne veux plus te donner le bras ; va-t-en devant. »

** Le 5 février 1858, la foudre étant tombée près d'un bourg, aux environs de Bordeaux, une dame, qui se trouvait à quelques pas de sa maison reçut une telle commotion à une jambe, qu'elle souffrit horriblement pour achever d'arriver chez elle, et que pendant longtemps elle n'a pu monter les escaliers qu'à genoux, et les descendre à reculons... Que serait-il arrivé si elle eût eu les cages acier des crinolines ?

Rendons au mérinos, à la soie, au coton,
Leur moelleuse chaleur, leur souplesse, leur ton.
Fi donc du ridicule, et laissons cette cage
Pour l'animal timide ou pour l'oiseau sauvage.

Que dit ce bon vieillard ; de quoi se mêle-t-il ?
Laissons-le radoter, ne quittons pas un fil.

Qui peut s'en étonner, n'est-ce pas un caprice,
Qui fut jadis l'auteur du triste et premier vice ? *

N'en déplaise à la mode, un habile pinceau,
Sans les règles de l'art, ne fera rien de beau ;
Sur un enfant naissant, une tête d'adulte,
Un dos démesuré me semblent une insulte.

Mais c'est assez parlé de ces criants abus,
Quiconque aura compris ne se gonflera plus ;
Toisera sa hauteur pour régler tout le reste,
Et se montrer partout et décente et modeste ;
Tel est le bon conseil d'un cœur qui les chérit,
N'importe le mépris qui se moque ou qui rit.
Il nous faut maintenant une taille bien fine ;
Il faut être sans reins et presque sans échine,
Nous transformer enfin, en forme de ballon,
Ou renoncer à plaire. Excusez, cent fois non !..

* Le péché originel.

En soumettant ainsi le corps à la torture,
On rabougrit toujours la plus forte nature.

On voudrait être belle ; on ne conteste pas ;
Mais faut-il, à ce prix, hâter votre trépas ?
J'entends la faculté : renoncez à l'hygiène,
Ou n'adoptez jamais, un costume qui gêne.
Or me gêner moi-même, où gêner mes amis,
Voilà l'alternative où la mode m'a mis.

D'un hymen bienheureux voulez-vous le modèle ?
Soyez, dit le Seigneur, sage, aimable et fidèle.
Tels sont les grands devoirs qui sont toujours enjoints
A chacun des époux, ou des nouveaux conjoints,
Pour couler d'heureux jours dans les soins du ménage,
Et jouir à la fin du céleste héritage.
D'arrière petits-fils trisaïeuls fortunés,
Vous serez vénérés des derniers nouveaux-nés. *

* Prières de l'Eglise demandant à Dieu pour les épouses l'amabilité de Rachel, la sagesse de Rebecca, la longue vie et la fidélité de Sara ; et pour l'un et pour l'autre époux, le bonheur de voir la troisième et quatrième génération, et d'obtenir enfin la vie éternelle, *sit amabilis viro ut Rachel, sapiens ut Rebecca, longæva et fidelis ut Sara, et videant ambo filios filiorum suorum usque ad tertiam et quartam generationem, et ad optatam perveniant senectutem, atque ad cælestia regna perveniant.*

Voilà qui vaut mieux que toutes les crinolines du globe et tout ce qu'on pourra jamais dire en leur faveur.

Après bien des récits d'histoire ou rêverie,
Nous arrivons enfin au bord d'une prairie.
Ici l'agent-voyer a perdu son niveau,
Il faut rentrer chez nous, le chemin n'est plus beau.
On respire un instant assis sur la verdure,
Ou debout sur sa canne, ou contre une clôture,
Et l'on rentre chez soi pour lire les journaux,
Et tâcher d'oublier ou soulager ses maux.
  Quelques-uns néanmoins s'en vont en caravane,
Montés sur des bidets, et même sur un âne.
Sur les flancs de ces monts qu'on voit de toute part,
Des sentiers en zig-zag sont tracés avec art.
Enfilant un Grammont * qui gravement serpente,
Ils arrivent enfin, par plus ou moins de pente,
Au sommet de ces monts, où l'aigle et le vautour
Vont reposer leur aile ou planer tour à tour.
Cette fois, le regard ne trouvant plus d'obstacle,
On jouit un instant d'un ravissant spectacle.
Il est pourtant des pics dont l'imposant aspect,
Aux plus déterminés inspire le respect.
Le froid est excessif, il glace jusqu'à l'âme :
Couvrons-nous, mes amis, et vous surtout, Madame,

* La promenade Grammont.

Saluons tous ces pics qui semblent nous toucher ;
Nous marcherions longtemps avant d'en approcher ;
Ils ne sont pas pour nous ; descendons la montagne.
Chacun prend son bidet, son âne ou sa compagne,
Et l'on arrive enfin au point de son départ,
Aussitôt qu'on le peut, mais toujours un peu tard.

Demain, nous tenterons quelqu'autre découverte :
Il faudra voir Aas et sa montagne verte ;
Monter par son midi, descendre par son nord.
Un tel le fit à pied ; nous saurons s'il eut tort.
Nous verrons ce Gaston dont les soins et les veilles
Des richesses des monts ont classé les merveilles ;
Plantes et minéraux, les trois règnes divers
Ont rendez-vous chez lui des bouts de l'univers ;
Les cases, les herbiers de ce nouveau Linnée,
Par ses constants efforts augmentent, chaque année.
Qui le croirait, pourtant, c'est le soin du troupeau
Qui fit, de ce berger, un prodige nouveau :
Il voulait le nourrir de plantes salutaires,
Il fallut donc savoir les bonnes, les contraires.
Une brebis malade attristait le pasteur ;
Un certain empirique, un soi disant docteur,
Connaissant tous les maux, mandé pour les combattre,
A table, à peine entré, manœuvrait comme quatre,

Puis voyant la malade, et palpant sa toison,
Son remède souvent se changeait en poison.
Sacaze, au désespoir de voir périr sa bête,
Du remède à ces maux va se creusant la tête ;
Il se livre à l'étude, aux pénibles travaux,
Admirés des savants des cent mille côteaux ;
Tout seul, et sans secours il devient botaniste,
Et peintre, et musicien, et minéralogiste,
Expert - vétérinaire et géologue enfin,
Il faut m'arrêter là n'en sachant pas la fin.
Un si vaste génie embrasse la nature,
Observe un météore, observe la culture ;
Insectes différents, fossiles inconnus,
Vont grandir la science, ou sont déjà venus.
Son exemple a produit, autre nouvel émule,
Qui, comme son ami, cueille, classe, cumule ;
Déjà ses beaux feuillets ont su m'intéresser.
Je tais ici son nom, crainte de le blesser.
Ses mérites, plus tard, perceront le nuage,
Vous verrez un savant, humble, pieux et sage,
Scrutant du créateur les êtres, les produits ;
De ses travaux aussi, vous cueillerez les fruits.
Marchons, rentrons chez nous par des sentiers rapides.
Ignorés de tout temps des licous et des brides.

Assez pour une fois, nos jarrets ont souffert ;
Allons nous reposer, trouver notre couvert.
Les cascades plus tard recevront nos visites ;
Nous verrons, et leur chute et leur différents sites :
Eaux-Chaudes, Pont-d'Enfer, et grottes et gabas.
Reposons-nous, lecteur, je vous crois un peu las.

Mais avant de quitter ces montagnes que j'aime,
Je veux, d'un beau fleuron, orner ton diadème,
O toi dont le renom, dont l'immense savoir
Exercent en ces lieux un absolu pouvoir !
Toi qui tiens en tes mains et nos jours et nos bourses,
Qui peux de la santé fermer, ouvrir les sources ;
Dont le nom est béni dans le palais des rois ;
Toi qui vois tout un peuple obéir à tes lois,
Qui peut te refuser son encens, son hommage ?
L'amour a dans mon cœur gravé ta douce image.
Darralde aimable et bon, tout le monde le veut,
Tout le monde le suit, et l'attrape qui peut.
Il trouve à chaque pas une triste Andromède,
Implorant, et visite, et conseil, et remède.
Pourra-t-il donc suffire à tant d'êtres nouveaux ?
Un seul mot de sa part sait calmer tous les maux ;

A son air bienveillant, à son sourire aimable,
On se sent soulagé, l'on se croit guérissable.
C'est bien vrai, me dit-on ; mais, soit dit en passant,
Laissons-le donc toujours voler au plus pressant :
Vous donc, mon bon ami qui n'êtes bien malade,
Pourquoi des jours entiers rester en embuscade ?
Pourquoi sur des degrès rester longtemps debout,
Fatiguer vos jarrets, vous exposer à tout ?
Allez donc au grand air ; sans fatigue et sans gêne,
Allez dans ces forêts aspirer l'oxigène.
Marchez avec lenteur, et contemplez souvent
Le nuage qui flotte aux caprices du vent.
Si Grammont est trop haut, suivez l'horizontale ;
Ne vous fatiguez pas, la fatigue est fatale ;
Sur tous les promenoirs, des bancs officieux,
Sous des arbres touffus, se placent sous vos yeux,
Acceptez à propos leur siège sans parure ;
Et pour vous délasser admirez la nature,
Par mille et mille jeux, et circuits et contours,
Étalant sa richesse et ses brillants atours.
Soyez moins inquiets de votre santé frêle ;
D'un grand amour de Dieu c'est la preuve réelle.
Le fardeau paraît lourd ; voulez-vous l'alléger ?
Soyez soumis au ciel ; il court vous soulager.

C'est là, je crois, Messieurs, une thérapeutique
Que vous devez tâcher de bien mettre en pratique.
Malade ou bien portant qui hantez ces beaux lieux,
Méditez ces conseils, recevez mes adieux.

Pour qu'on ne soit pour lui bien ou mal prévenu,
L'auteur de cet écrit doit rester inconnu.
Son nom est un peu long : problème à tous les maîtres;
Soit voyelle ou consonne, on y voit onze lettres.

Mon cher C..., j'ai lu vos vers,
Faciles, bien tournés, à l'allure élégante,
Tout à la fois simple et savante,
Où tout est bien, rien de travers ;
Mais vous savez que la nature humaine
Incline au mal : elle se met en peine
De critiquer sur tout, et le moins indulgent
Est le plus maladroit ; aussi suis-je exigeant.
Or, en partant de ce principe
Plus ou moins juste et plus ou moins logique,
Il m'est venu grave soupçon,
Sur ces vers de votre façon.
Meilleurs ils sont, plus grand le crime,
Et moins ils sont dignes d'estime !
Pour rimer aussi bien, je le dis nettement,
Il faut, il faut absolument
Etre le favori des *neuf Sœurs* de nos fables,
Qui, chacun le dit, sont *neuf Diables !*

Or les diables, on le sait bien,
N'ont jamais donné rien pour rien !
Il leur faut de l'encens, des vœux et des prières
Et pour du *pain donnant des pierres*,
Ils gratifient leurs élus
De certains dons plus ou moins étendus.
A l'un, celui des vers ; à l'autre, la richesse,
La grandeur, le pouvoir et la douce paresse ;
Ainsi du reste. Or, cher C...,
Vous voyant si bien partagé
Par le *Démon des vers*, n'en doit-on pas conclure,
Que tout ceci sent un peu la brûlure ?
La brûlure dont nos aïeux,
Dans leur zèle saint et crédule,
Gratifiaient sans nul scrupule,
Quiconque avait plus d'esprit qu'eux ?
Assurément je vous crois orthodoxe,
Et ne veux nullement bâtir un paradoxe,
Aussi, je suis embarrassé ;
Et voyant bien que c'est *casus conscientiæ*,
Cas de votre ressort, je vous soumets mon doute ;
Résolvez-le, je vous écoute !

G. J. D.

29 octobre 1855.

Merci, Monsieur D....., de votre belle épître,
Du trop beau compliment, ou du malin chapitre.
Le cas dont vous parlez demande un examen.
S'il faut que je prononce, attendez à demain.
Nos aïeux, dites-vous, après une prière,
Pour éteindre l'esprit, ont brûlé la matière.
Peste du procédé! ne vous y fiez pas,
L'esprit, entre vos doigts, pétille à chaque pas.
Jadis, comme aujourd'hui, Pluton ou Proserpine,
S'ils vous font un présent, vous gardent une épine.
J'entends, en vous disant, les diverses clameurs
Des habitants du Pinde ou des Diables rimeurs,
Qui, pour vous rançonner, vous imputent à crime,
Le don qu'il vous ont fait de si féconde rime.
Tenez-vous donc en garde, et veillez sur des jours
Que j'ai longtemps chéris et chérirai toujours.

Parempuyre, 11 novembre 1855.

www.ingramcontent.com/pod-product-compliance
Lightning Source LLC
Chambersburg PA
CBHW061741060726
47597CB00007B/2702